Dados Internacionais de Catalogação na Publicação (CIP) de acordo com ISBD

M149c   Machado, Jô.

      Caixa literária / Jô Machado ; Maria Cristina Pereira ; Elidete Zanardini Hofius;
ilustrado por Shutterstock. - Jandira, SP : Ciranda Cultural, 2022.
      160 p. : il. ; 24,00cm x 24,00cm.

      ISBN: 978-65-261-0411-8

      1. Literatura infantil. 2. Educação. 3. Pedagogia. 4. Conhecimento. 5. Aprendizado.
I. Pereira, Maria Cristina. II. Hofius, Elidete Zanardini. III. Título. IV. Shotterstock.
V. Série.

2022-0897   CDD 028.5
                                                  CDU 82-93

Elaborado por Lucio Feitosa - CRB-8/8803

Índice para catálogo sistemático:
1. Literatura infantil 028.5
2. Literatura infantil 82-93

© 2022 Ciranda Cultural Editora e Distribuidora Ltda.
Texto © Jô Machado, Maia Cristina Pereira, Elidete Zanardini Hofius
Ilustrações: arquivo pessoal; Shutterstock
Diagramação e projeto gráfico: Ana Dóbon
Produção: Ciranda Cultural

1ª Edição em 2022
www.cirandacultural.com.br
Todos os direitos reservados. Nenhuma parte desta publicação pode ser reproduzida,
arquivada em sistema de busca ou transmitida por qualquer meio, seja ele eletrônico,
fotocópia, gravação ou outros, sem prévia autorização do detentor dos direitos, e não
pode circular encadernada ou encapada de maneira distinta daquela em que foi publicada,
ou sem que as mesmas condições sejam impostas aos compradores subsequentes.

Capítulo 1

6 meses a 1 ano

Literatura e bebês:
um encontro possível

Nas propostas literárias direcionadas aos bebês, o professor é o mediador, e é de suma importância que ele tenha uma boa didática para que o resultado da literatura aplicada seja alcançado.

Obra: *Ponte de Giverny*
Autor: Claude Monet, 1899
Fonte: Fundação Claude Monet - França

Para melhor compreender o papel do professor como mediador, tenhamos como exemplo a obra do pintor impressionista Claude Monet, *Ponte de Giverny*, pois o professor deve ser a ponte entre os bebês e os livros.

Ele precisa, antes de qualquer coisa, compreender que bebês são leitores de mundo e, nesse cenário, os livros são parte fundamental para abrir caminho rumo a uma leitura ampla.

Uma possibilidade de acesso aos livros, em uma instituição educativa que atende bebês, é por meio da **bebeteca**, isto é, um acervo específico para os bebês. Esse espaço precisa conter livros que eles possam tocar, sentir, cheirar, morder e manusear.

É importante ressaltar que a **bebeteca** deve estar sempre em processo de construção, ou seja, dever ser constantemente renovada, para que haja novidades aos olhos da criança.

A lógica de uso e significado do livro é diferente para bebês e adultos. Para os pequenos, as experiências tátil, sensorial e visual são as que realmente têm significado. Nos últimos anos, os livros se tornaram mais atrativos para bebês e crianças, com a oferta de livros de pano, de plástico, sonoros, com pop-ups, adereços, narrativas táteis, visuais, etc. Eles vieram para enriquecer o universo literário infantil, e são, sem dúvida, boas escolhas para uma **bebeteca**.

    É importante o professor perceber que os livros para bebês se constituem primeiro em brinquedos que mobilizam a construção corporal de movimentos que culturalmente fazem parte do ato de ler. Por isso, o primeiro aprendizado é a ação de folhear o livro. Pegar um exemplar, tê-lo próximo ao corpo e tocar nas páginas é um movimento corporal instituído a partir da imitação. Bebês que observam os professores executarem essas ações tendem a facilmente incorporá-las ao se depararem com um livro.

Para que a organização da **bebeteca** se concretize, é de grande relevância refletir sobre a estética do espaço. Existe a necessidade do **aconchego**, uma vez que ele é o convite ao contato com os livros.

Almofadas, tapetes sensoriais, móbiles, tecidos de diferentes texturas e cores, personagens em forma de bonecos, entre outros objetos, podem ser a composição ideal que favorece o encontro dos bebês com os livros.

A **bebeteca** e a organização dela nos convocam a um modo de ver e pensar nos bebês como seres criativos, que acessam saberes diante do que lhes é oferecido.

Nesse ponto se encontra o questionamento primordial da proposta literária com bebês, ou seja, o conceito que você, professor, tem deles. Você acredita no potencial leitor de seus alunos? Se a resposta for afirmativa, certamente você já se deu conta de que eles manifestam as preferências com gestos, olhares, sons e balbucios. Dessa forma, quais personagens os bebês da sua turma mais gostam?

Os livros que contêm o personagem no formato brinquedo oferecem aos pequenos várias possibilidades de descobertas. Antes de perceberem que podem abrir o livro, já sentirão a textura de um brinquedo por meio da percepção tátil. Esse é apenas um exemplo que ilustra o que é possível aprender com um livro-brinquedo.

A **bebeteca** precisa ser um espaço aconchegante para o encontro dos bebês com os livros, mas a proposta ganha maior sentido quando o professor compreende o papel essencial que tem em contextualizar a leitura com o aprendizado e desenvolvimento.

Dessa maneira, a voz, os gestos e a ação corporal dos adultos durante a leitura e a exploração dos livros precisam ser potencializados, e o segredo está em compreender que o **brincar** é a chave mestra dessa atuação.

Uma atividade muito conhecida para quem atua com os bebês é a **brincadeira do cuco**. Nessa ação lúdica, a pergunta: **"Cadê?"** com a resposta **"Achou!"**, é muito apreciada e provocativa aos bebês. Há muitos livros pop-up que o professor pode utilizar para fazer essa brincadeira, revelando a cada página os personagens que estão escondidos. Esse é o tipo de livro que instiga o professor a perguntar, dando ênfase a uma voz interrogativa, cheia de curiosidade. É o brincar dando sentido à ação brincante do adulto a partir da experiência com o livro.

O brincar é uma oportunidade para o estabelecimento de vínculos afetivos. Assim, gradativamente, os bebês começam a reconhecer também suas possibilidades corporais, primeiramente por meio de gestos imitativos e depois passando a reconhecer os outros interagindo com o mundo ao redor.

Nesse sentido, a **voz humana** é uma fonte comunicativa de primeira percepção, que tem o poder de aproximar e mobilizar os pequeninos. É dessa forma que, cantar para o bebê, contar-lhe histórias, tocá-lo por meio de massagens na hora do banho e na troca de roupas, além de leves cócegas nos pés e na barriga, podem ser atividades muito interessantes.

Desde o momento em que o ventre da mãe carrega um bebê, inicia-se uma percepção importante que se manifesta pela sonoridade presente nos ambientes de convívio materno. Assim, quando o bebê nasce, ele é exposto a uma experiência multissensorial, mas alguns sons não são novos aos seus ouvidos. Daí a importância da atuação pedagógica do professor na **expressão vocal**. É necessário estar atento aos ritmos e diferentes modos de sonorizar palavras e canções, pois esse veículo é muito importante para estreitar o vínculo nas relações educativas. A musicalidade precisa ser uma constante na interpretação do adulto ao contar uma história, ao imitar o som dos animais, ao dar diferentes ritmos para cada personagem, bem como fazer pausas e entonações a cada momento do texto. Todos esses cuidados são diferenciais na hora de planejar uma experiência literária com bebês.

Os docentes que trabalham com essa faixa etária devem ter bastante cuidado com a expressividade vocal, pois as palavras precisam fazer parte do universo pedagógico dos pequenos, mesmo que eles ainda não falem. Por isso é importante cantar, tocar instrumentos, criar sons corporais e utilizar objetos e instrumentos sonoros que sejam uma marca que irá dar o tom para o início da prática literária, entre outros.

Há diversos livros sonoros no mercado. A um toque, o bebê aciona um botão que emite um som; isso faz com que descubra diferentes sons e estabeleça relação entre o que ouve e o que vê nos livros. Esse processo ocorre de forma gradativa e na interação com o folhear do livro.

Assim como as palavras, os sons, as texturas e as imagens dos livros também são de fundamental importância para a ação leitora das crianças. Existem muitos livros com narrativas visuais em que a ilustração traz todo o enredo, e isso faz com que os bebês reconheçam os personagens, agindo de maneiras diversas em cada passagem do livro. Cabe ao professor dar visibilidade a esses personagens quando mostrá-los à turma, pois isso contribui para a compreensão de suas características por parte dos bebês. Ao mesmo tempo, é necessário ter sensibilidade para perceber aquilo que mais chama a atenção deles. Por vezes, algumas imagens nos escapam, mas a eles não.

Quando damos atenção às preferências deles, temos ricas oportunidades de ampliar as propostas literárias. Olhar para seus gostos é dar sentido ao planejamento. Dessa maneira, mais ações podem ocorrer, tendo como princípio o envolvimento e a construção da relação educativa por meio das histórias. Para isso, é necessário investir o olhar docente para as reações das crianças no momento planejado por você para o encontro com a história. Por exemplo, se diante de um livro de imagens eles sempre "pedem", com gestos, para você, de alguma forma, se demorar mais diante de um personagem, isso pode ser um indício de que você precisa explorar mais esse personagem. Então, que tal você trazê-lo em forma de boneco para brincar com eles em um dos momentos planejados para a experiência com essa história?

Uma ideia interessante é brincar com **bonecos de luva**, pois criar personagens para brincar com os bebês a partir das histórias preferidas é uma possibilidade de ativação das imagens mentais.

Antigamente se acreditava que bebês não sabiam e não podiam brincar, e por isso pouco era investido no potencial brincante deles. Mas atualmente sabemos que eles estão em pleno processo de aprendizagem da cultura do brincar, e isso ocorre por meio das experiências e das relações estabelecidas com os adultos em seu entorno, bem como na interação com as outras crianças. Portanto, é indicado que o professor acesse saberes relativos à ludicidade e invista na confecção de diferentes brinquedos que dialoguem com as histórias – e que sejam manipulados para enriquecer a interação. No caso dos **bonecos de luva**, após a criação do personagem, é hora de dar vida a ele por meio da criação de movimentos, voz ou uma sonoridade diferente da usada comumente pelo professor. No dia a dia, esse boneco pode aparecer, dando sentido a vários momentos da rotina com os alunos.

Aos poucos, você irá perceber que eles identificam, reagem e ao mesmo tempo sentem o desejo de brincar com o personagem. Eles aprendem a brincar vendo você brincar, observando seu modo de interagir com o fantoche.

O boneco de luva, em especial, possibilita o movimento, pois é necessário imprimir nele características próprias. Dessa forma, os bebês têm a oportunidade de ter mais alguém na sala que eles aprendem a gostar e relacionar com sons, músicas ou histórias. No entanto, para que tudo isso aconteça, é necessário que o professor assuma seu papel de mediador, que acredite no encantamento proporcionado pelas histórias e assim, qualifique sua relação com os bebês no contexto pedagógico.

O professor pode se inspirar na proposta dos livros e criar novas possibilidades. Com essa intenção, é necessário refletir sobre a importância do trabalho pedagógico que instiga as percepções dos bebês, além de ser muito interessante apresentar diferentes materialidades nos brinquedos e nos contextos brincantes com os livros.

Nesse sentido, os elementos naturais também entram em cena. Cada objeto ganha sentido por sua materialidade, os bebês exploram sensações diversas e reagem a elas. Objetos de plástico, por exemplo, são mais frios; os tecidos, por sua vez, promovem diferentes sensações; os feltros são mais quentes. O velcro é instigante pelo som e pela textura espinhosa; zíperes dão a ideia de abrir e fechar. Um livro pode estar numa bolsa fechada com velcro e, cada vez que se abre a bolsa, os bebês compreendem que existe ali uma surpresa e uma nova descoberta.

Ainda falando sobre as percepções dos bebês, é muito importante lembrar que eles estão em pleno processo de reconhecimento corporal, testando seus limites e possibilidades. O professor deve testar as expressividades corporais das crianças para trazer diferentes propostas que explorem as partes do corpo. Nesse contexto, canções que sinalizam movimentos de mãos, cabeça, braços, rodopios, entre outros, são muito importantes.

Uma proposta lúdica bem aceita pelos bebês é o trabalho com sombras. As sombras são uma grande provocação visual. Eles desafiam os próprios limites corporais tentando pegar as formas que são projetadas numa parede, por exemplo. Se vier acompanhada de sons, a proposta fica ainda mais instigante. Veja exemplos de silhuetas projetadas na luz. O efeito é muito interessante.

Para o trabalho com sombras, não é necessário que o espaço esteja totalmente em penumbra; por vezes uma réstia de sol que venha de uma janela já faz grandes efeitos quando projetada no chão. Lembre-se de que os bebês podem não se sentir seguros em ambientes muito escuros.

Lanternas e objetos que brilham também podem ser utilizados.

Silhuetas dos personagens, brinquedos, formas abstratas, cores nos vazados das formas, ao serem projetados numa parede ou no chão, tornam a experiência com as sombras muito instigante para os bebês. É uma proposta que pode vir acompanhada de sons característicos para as as sombras ou canções, gerando maior interesse por parte dos alunos.

A faixa etária de 6 meses a 1 ano de idade é uma passagem muito rápida e relevante na vida do bebê. No contexto pedagógico, muitas são as propostas que podem ser viabilizadas no encontro entre os bebês e a literatura. Mas antes de qualquer aspecto ser considerado, é necessário acreditar no potencial leitor que eles têm. O ideal é que todos os dias seja reservado um momento para as práticas literárias; isso não significa que uma nova história tenha de ser contada diariamente, mas que o hábito da interação entre os bebês e os livros seja diário e que seja explorado o espaço da **bebeteca**.

Diante do que foi apresentado, muitas são as ideias e também os recursos que os professores podem utilizar nas mediações literárias para os bebês: a confecção de personagens, a sensibilização para o uso das possibilidades corporais, os recursos expressivos e comunicativos na literatura, o estímulo à imaginação, à criação, entre outros.

Assim sendo, sugerimos que você, professor, confeccione **bonecos de luva** para brincar com os bebês a partir das histórias preferidas de cada um deles.

Os bonecos de luva são interessantes instrumentos de aproximação com os bebês, pois produzem um efeito lúdico ao serem manipulados. Quem dará vida, voz, som e movimentos ao boneco é você, e no contato com os bebês surgem várias descobertas.

Sugerimos a produção do boneco de luva com o feltro, porque é um tecido macio, que promove aconchego, sentimento esse manifestado ao bebê na relação que ele criará com o boneco. A partir dessa experiência de criar, você perceberá que muitos outros bonecos podem ser construídos. Escolha materiais diversos para a confecção, crie outros moldes e use cores diferenciadas.

MATERIAIS:

- 1 pedaço de feltro de tamanho 51 cm x 20 cm;
- Retalhos de feltro;
- Kit de costura (agulha, alfinete, tesoura e linha);
- Molde.

MÃOS QUE CRIAM!

1. Dobre o feltro ao meio, transfira o contorno do molde no feltro e coloque alfinetes para segurar.

2. Corte em cima da risca feita.

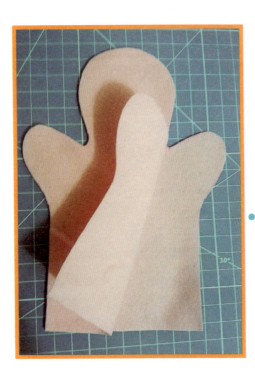

3. Tire os alfinetes e desvire o feltro para que não apareça a tinta da caneta.

4. Utilize os retalhos de feltro para fazer um porquinho, desenhando e recortando o focinho e as orelhas.

5. Escolha qual das duas partes será a frente do boneco e alfinete o focinho.

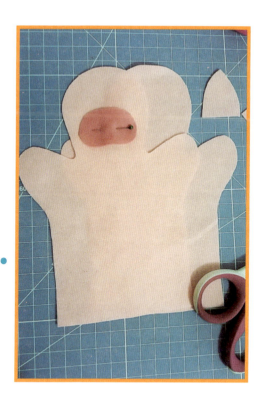

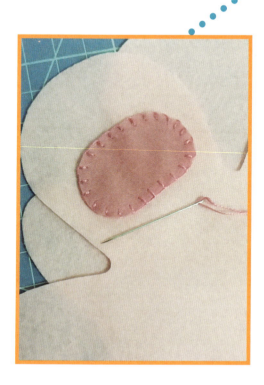

6. Costure o focinho. Aqui utilizaremos o ponto caseado, mas pode ser utilizado qualquer ponto. O mais importante é que fique muito bemcosturado, porque os bebês o manusearão para brincar. Solte sua imaginação e utilize cores diversas, podem ser contrastantes se você quiser que o ponto apareça, mas podem ser da cor do tecido, caso você queira camuflar a costura. Não se preocupe com perfeição na hora de costurar, lembre-se de que estamos construindo um objeto artístico que terá impresso nele toda a sua criatividade.

7. Posicione as orelhas para fazer o caseado do corpinho.

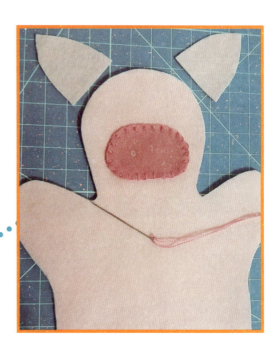

8. Depois de costurar o corpinho, deixando toda a parte inferior sem costura, porque é onde introduziremos a mão, você pode colocar os olhos e detalhes no focinho.

9. Para deixar seu porquinho ainda mais charmoso, vire a ponta das orelhas e cole para dentro. A gravatinha fica por sua conta.

A ideia é trabalhar na perspectiva de acentuar o que mais caracteriza o personagem, mas nada impede que você insira outros elementos.

Utilizando o mesmo molde como base, você poderá criar outros personagens para inserir nas histórias e brincar com os bebês.

Use sua criatividade e crie os personagens preferidos dos pequenos. Caso você não saiba costurar, não se preocupe, pois você pode colar o feltro com cola quente.

Cada personagem criado por você poderá compor a **bebeteca** junto aos livros, transformando esse espaço num lugar convidativo para os bebês, que aos poucos vão reconhecendo os sons e as características dos personagens.

Brinque também de sombras com as crianças, faça personagens em cartolina e cole um palito de picolé atrás de cada um. Para projetar as sombras, você pode criar um cenário com a caixa que compõe o material. Uma luminária projetará os personagens e certamente encantará os bebês.

Capítulo 2

1 a 2 anos

Descortinar:
o encontro da criança com o mundo encantado e seus sons

Esta seção é uma continuação do capítulo 1 - 6 meses a 1 ano, portanto, todos os encaminhamentos propostos anteriormente são recomendados aqui também, e as ideias estão baseadas no encontro entre livros e bebês, do qual você, professor, é o mediador.

Avançando sobre o conceito de mediação, trazemos aqui um recorte da obra de Salvador Dalí, intitulada *A Persistência da Memória*, em que o artista retrata relógios derretidos. Utilizamos esse quadro para refletir sobre a metáfora do tempo. Convidamos você à reflexão sobre o tempo necessário para a experiência entre bebês e livros. Desta forma, nos interrogamos sobre o tempo medido pelos relógios: será que existe uma previsão exata para a experiência de aproximação dos bebês com os livros?

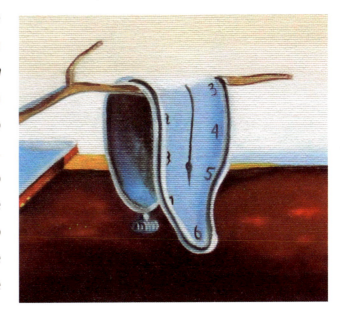

Obra: *A Persistência da Memória*
Autor: Salvador Dalí, 1931
Fonte: The Museum of Modern Art, New York

Deve-se considerar que **tempo** e **espaço** são de extrema importância para a construção de uma experiência única entre crianças e livros.

O tempo escolhido para a experiência literária dentro da rotina pedagógica precisa estar previsto no planejamento do docente, formando uma combinação com o espaço. A **bebeteca**, por exemplo, é o planejamento de um espaço que os livros habitam de maneira acolhedora; porém, o tempo de permanência nesse lugar varia de acordo com o desejo dos bebês. Para além do espaço da bebeteca, o professor pode manter na rotina uma forma de apresentar um livro a cada dia para os alunos.

Uma sugestão é a **caixa surpresa**, onde o professor coloca um livro que será apresentado para a turma. A caixa fica mais interessante se existir também um barulhar, pois isso instiga a percepção dos bebês. Aos poucos, aqueles que engatinham ou andam se aproximam, compreendendo que dentro da caixa há algo especial que eles conhecerão. Quando ainda não andam, seus olhares não passam despercebidos a essa ação, e você pode planejar um espaço aconchegante para esse momento, em que chacoalha a caixa em pé, se inclina e se senta, direcionando-a ao espaço em que os bebês estão.

Se houver uma determinada constância nesse tipo de ação, os bebês perceberão essa prática já antecipando que terão a oportunidade de conhecer um livro. Em um primeiro momento, nem todos entenderão a proposta, e será necessário repetir a atividade para que eles se direcionem com o olhar, engatinhando ou andando até você. O importante é dar o **tempo** necessário para que aos poucos eles passem a reconhecer essa experiência.

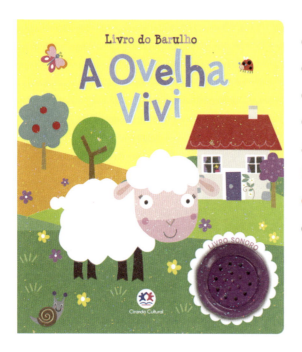

Ao desvendar o livro que está dentro da caixa da atividade, é hora de o professor dar vida à proposta da atividade, pois é nisso que reside o grande potencial mobilizador do encantamento com as histórias. Uma proposta a partir dessa descoberta seria mostrar aos bebês os personagens da história com o uso de **onomatopeias**, revelando a cada página o som característico dos animais que são descobertos.

Contar histórias é uma ação que envolve corpo, voz e emoção; isso justifica a importância de o professor reconhecer a própria expressão vocal, cantar constantemente para os bebês e estimulá-los a participar desses momentos. Assim, ao apresentar um animal e o seu som característico, o professor pode incentivar a imitação por parte daqueles que já verbalizam os primeiros vocábulos, bem como pedir para que apontem o personagem no livro.

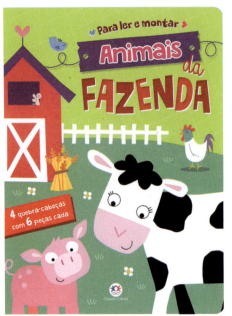

É necessário compreender que os bebês adoram ouvir sons diferentes e, aos poucos, distinguem os diferentes timbres característicos dos animais. O tema animais, aliás, permeia diversas publicações da coleção, justamente porque entendemos que os pequenos os apreciam muito.

Para aguçar os sentidos dos bebês a partir do estímulo sonoro, vale investir em objetos que podem, com os personagens, surgir de acordo com o folhear dos livros. O **pau de chuva**, por exemplo, é um objeto que lembra o som da chuva e acompanha bem os sinais de início e término de uma nova aventura.

MATERIAL:
- 1 rolo de papel-alumínio ou papel toalha;
- fita-crepe;
- 1 retalho colorido;
- 3 colheres (sopa) de arroz ou feijão;
- cola.

1. Tampe com fita crepe uma das pontas do rolo.

2. Coloque o arroz dentro do rolo e feche a outra ponta com a fita crepe.

3. Decore com o retalho colorido. Passe cola e cubra o rolo de papel.

4. Pronto! Você já pode ouvir o som da chuva!

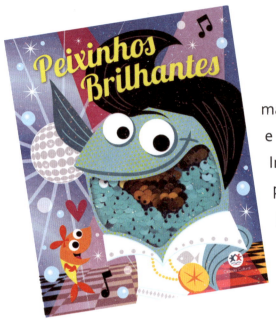

A criança se relaciona com os sons e com a música de maneira intuitiva, pois ao ouvi-los, seus tímpanos vibram e seu corpo reage imediatamente aos efeitos sonoros. Investir em um ambiente sonoro no qual os objetos promovam o barulhar é de extrema importância para o processo de aprendizagem.

As histórias podem vir acompanhadas por sons, por exemplo, como do barulho do mar em livros com personagens como baleia, peixe, cavalo-marinho, entre outros. Esses sons contextualizam a história e proporcionam uma atividade brincante e interativa com os alunos, como com a canção *Peixe Vivo*:

Como pode o peixe vivo
Viver fora da água fria
Como pode o peixe vivo
Viver fora da água fria

Como poderei viver
Como poderei viver
Sem a tua, sem a tua
Sem a tua companhia
Sem a tua, sem a tua
Sem a tua companhia

Os pastores desta aldeia
Já me fazem zombaria
Os pastores desta aldeia
Já me fazem zombaria

Por me verem assim chorando
Por me verem assim chorando
Sem a tua, sem a tua
Sem a tua companhia
Sem a tua, sem a tua
Sem a tua companhia

53

Inicialmente, os bebês reagem aos sons com reações corporais, como palmas e balanços, e aos poucos eles iniciam as primeiras vocalizações. Cabe a você, professor, estimular os bebês por meio de gestos, para que assim eles comecem a criar diferentes sons com o corpo e com a voz. Um dos primeiros sons corporais descoberto é o bater de palmas; depois eles percebem que podem produzir sons batendo as pernas, e assim vão gradativamente descobrindo os sons.

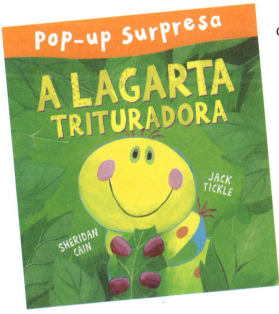

Quando começam a andar, seus pés batem no chão e fazem sons interessantes. Essas descobertas podem corresponder ao encontro com os personagens dos livros, desde que eles tenham a oportunidade de ver que você emite esses sons e associá-los. Logo, é muito interessante que você leia ou conte as histórias emitindo sons com o corpo. Você pode explorar os sons enchendo a bochecha de ar e esvaziando-a com um toque rápido das mãos, batendo as mãos no peito ou dando batidas leves na boca.

A exploração sonora está presente na musicalidade da ação de falar, e cabe ao professor, que é uma das referências para o bebê na fase da aquisição da linguagem, articular bem as palavras e trabalhar com o tom existente em cada uma delas ao serem pronunciadas, especialmente durante a leitura de histórias.

A visualidade é outra característica muito importante no diálogo com os sons, pois o bebê está se desenvolvendo e aprendendo a relacionar aquilo que vê ao que ouve em sua aproximação com o livro-objeto. Há um grande encantamento dos bebês por livros que são coloridos, com ilustrações grandes e, portanto, gostosos de brincar.

Não tenha pressa ao folhear um livro para os bebês, se demore na parte em que eles demonstram apreciar mais. Repita o ato quantas vezes achar necessário, leia compassadamente e articule bem cada palavra. Pode parecer estranho à primeira vista, mas a verdade é que essas ações são muito relevantes para os bebês, pois eles estão em pleno processo de aquisição da linguagem. Desta forma, suas primeiras vocalizações são tentativas de expressar o que pensam e o que sentem.

Por vezes, neste início, os bebês fazem aproximações que somente quem está mais perto deles consegue interpretar. O importante é repetir as palavras de forma correta, não na perspectiva de corrigi-lo, mas para que ele ouça as palavras e aos poucos conquiste os vocábulos por completo. Lembre-se de que tudo isso é um processo muito importante para a aprendizagem e o desenvolvimento da criança.

Por isso, incentivamos um ambiente educativo rico em descobertas, repleto de livros, sons e palavras. No entanto, esse espaço precisa ser constantemente alimentado pelo professor, refletindo ludicamente a aposta na potencialidade de aprendizado dos bebês. É importante que os livros, assim como os brinquedos, estejam sempre ao alcance dos pequenos, pois o intuito é que haja a aproximação e a apropriação do livro. E, pensando no espaço para os livros, para além da bebeteca, na própria sala de aula pode ser organizado um "cantinho da leitura", com mobiliário que acomode os livros de forma lúdica, para que os bebês tenham vontade de manuseá-los e brincar com eles.

No ambiente educativo, há objetos bastante característicos que devem estar sempre disponíveis para os bebês explorarem. Um deles é o espelho, porque os bebês estão em plena descoberta de si e se encantam ao contemplar os gestos que fazem olhando para si mesmos.

Assim, uma proposta interessante que você pode realizar é se transformar no personagem que eles mais gostam. Por exemplo, se o leão é um animal que eles gostam de ver você imitando, pode-se propor que todos brinquem de faz de conta de leões, utilizando uma maquiagem simples no nariz. Com a pergunta "Quem quer virar o leão?", você vai à frente do espelho, pinta o seu nariz como um focinho de leão e então começa a imitar o animal, rugindo e fazendo o gesto de mostrar as garras. Aos poucos, você perceberá que os bebês ficarão muito curiosos e certamente vão pedir a você que os transformem em leões.

Essas ações são coletivas, mas não necessariamente precisam acontecer com todos ao mesmo tempo; talvez algum bebê não sinta o desejo de participar, e isso precisa ser respeitado.

Outra questão importante é a necessidade de refletir sobre grupos. Algumas vezes, as propostas precisam ser pensadas com pequenos grupos por vez, bem como o tempo que precisa ser direcionado para tornar uma proposta mais efetiva. Cada bebê tem seu ritmo próprio! O mais importante é compreender que a ação pedagógica precisa ser realizada a partir da premissa do **tempo** e do **espaço**.

Seguindo essa ideia, acreditamos que para as crianças de até dois anos de idade algumas histórias clássicas possam ser apresentadas respeitando a ideia de brincar com a história. Por exemplo, o clássico *Os Três Porquinhos* é uma história que elas costumam se interessar porque tem uma movimentação corporal por parte do personagem Lobo, com o gesto de assoprar que inspira a imitar. É interessante o professor criar as diferentes casinhas dos porquinhos, os personagens e brincar com essa história. Na mesma proposta, *Cachinhos Dourados e os Três Ursos* pode ser pensado para brincar a partir da ideia de que o livro colorido, grande e com ilustração aguça os olhares dos bebês. Além dessas ideias, é muito interessante brincar com os bebês utilizando fantoches dos personagens da história.

Os contos de fadas clássicos são apresentados pela primeira vez para as crianças na Educação Infantil e são histórias que elas apreciam muito, porque as temáticas lidam com autodescobertas, medo, superação, amor, alegria e se aproximam das lutas e buscas da humanidade. Na fase inicial, os primeiros contatos com os clássicos podem acontecer por meio das histórias mais curtas e dando ênfase aos personagens e suas principais características. Gradativamente, as crianças dominam as peculiaridades dos personagens e assim compreendem a sorte deles nos enredos dos contos.

Sabemos que as histórias são representações de diversas outras realidades que podemos visitar por meio da ficção, e assim experimentar aquilo que está ou não previsto na experiência vivida cotidianamente. Os personagens passam por situações parecidas com as nossas, e isso aproxima a criança de algumas experiências e também de situações ficcionais nas quais habitam sonhos e encantamentos.

Desta forma, compreendemos que é papel do professor apresentar as histórias para as crianças, em propostas cotidianas, e ao mesmo tempo, ter em mente a importância de projetos literários que garantam a acessibilidade das histórias em outros ambientes também. Você já pensou em um projeto no qual é possível estender a prática literária para a casa de cada aluno? Quem sabe uma **sacola viajante** com um personagem e um livro dentro para cada família ler e brincar com seu bebê por uma semana? Você pode até disponibilizar um caderno para que as famílias possam registrar como foi a experiência literária em casa.

Quem sabe também criar um ambiente literário na entrada da unidade educativa? Um lugar com livros que podem ser emprestados é um ótimo começo para o incentivo da leitura em casa. Com um espaço organizado e acolhedor, as famílias tendem a se interessar mais pelo projeto a ser realizado.

Nesses projetos, a ideia principal é a formação de leitores, que se inicia desde os primeiros meses de vida em que o bebê tem em suas mãos bons livros.

Este capítulo reúne informações para os professores que trabalham com crianças a partir de 1 ano de idade e aponta a relevância da expressão docente para o encontro entre as crianças, a literatura e a música, de maneira a utilizar os elementos da sonoridade como aliados no desbravamento do mundo encantado da literatura. Assim, as histórias serão apresentadas às crianças dialogando com objetos sonoros que permitem a apreciação e o envolvimento corporal, considerando a expressão docente na literatura infantil, o encontro entre a criança, a literatura e a música, e a relação entre a literatura e a música: sons para imaginar e se movimentar.

Desta forma sugerimos a construção do **pau de chuva**!

Esse instrumento musical produz um efeito sonoro mágico, pois quando é manipulado com calma e tranquilidade, suas sementes vão caindo e remetem à sensação dos sons da chuva. É um excelente objeto sonoro que pode acompanhar as histórias que você irá trabalhar, pensando em uma experiência marcante com as crianças.

Ao confeccioná-lo, você terá a oportunidade de criar inserindo suas marcas e impressões num instrumento de percussão.

Vamos criar?

MATERIAIS:

- 1 rolo de papel-alumínio ou papel toalha;
- Fita-crepe;
- 1 retalho colorido;
- 3 colheres (sopa) de arroz (você pode substituir por feijão, tampinhas, contas de bijuteria ou pedrinhas, de acordo com o som que mais lhe agradar);
- Cola.

OBS.: a quantidade de elementos que você colocar no rolo é que dará a intensidade do som.

MÃOS QUE CRIAM!

1. Tampe com fita crepe uma das pontas do rolo.

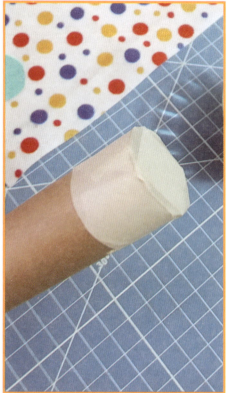

2. Coloque o arroz ou o outro elemento que você escolheu no canudo e feche a ponta aberta com a fita crepe. Passe duas camadas de fita adesiva em toda a extensão para vedar bem.

3. Agora decore com sua estampa favorita. Passe cola e cubra o rolo com papel, tecido, feltro... O que você quiser. Use a imaginação!

4. Agora é a parte mais importante! Você precisa afinar o som do seu instrumento! Então, vire-o calmamente, ouça se os ingredientes caem devagar e sinta se o som é agradável aos seus ouvidos. Caso haja necessidade, você poderá abrir o instrumento e dosar a quantidade de ingredientes.

Além da sonoridade, é importante investir no visual ao trabalhar com os bebês. Você pode, com o uso de maquiagem facial, fazer caracterizações. Use maquiagem que não agride, como pasta d'água e pancake. Você pode desenhar focinhos, bigodes de um personagem e o que mais sua criatividade permitir.

Para a sugestão a seguir, faça um contorno com lápis de olhos preto, depois preencha com o restante da maquiagem.

A maquiagem se completa com os efeitos sonoros e corporais do personagem. Lembre-se de que os bebês estão em pleno processo imitativo, e aos poucos você perceberá que eles tentarão imitar as suas composições criativas corporais.

Você pode também criar personagens de mesa, como mostram as figuras a seguir. Crie sons e brincadeiras utilizando-os.

74

Capítulo 3

2 a 3 anos

Contos de fadas e outras histórias:

um passeio pelo imaginário infantil

Obra: *O Semeador*
Autor: Vincent Willem Van Gogh, 1888.
Fonte: Museu Kröller--Müller, Holanda

Ao apreciarmos a imagem criada pelo pintor holandês Vincent Van Gogh, podemos fazer uma analogia da importância da semeadura e das ações desenvolvidas pelos professores com as crianças na faixa etária de 2 a 3 anos. As ações docentes são determinantes para a aprendizagem e o desenvolvimento das crianças.

Nessa perspectiva, uma grande aliada no cotidiano de crianças pequenas e professores é a literatura infantil. Portanto, a arte de contar, ler e dramatizar histórias é uma extraordinária estratégia dos professores, na medida em que é importante para a formação de qualquer criança ouvir muitas histórias. Escutá-las é o início da aprendizagem para ser um leitor, e ser leitor é ter um caminho absolutamente infinito de descoberta e de compreensão do mundo.

A literatura para os alunos da Educação Infantil é a mobilizadora de aprendizagens e desenvolvimento, na medida em que é capaz de acionar o imaginário e as múltiplas linguagens das crianças.

A partir dos 2 anos de idade, a maioria das crianças anda, fala palavras e frases, é capaz de compreender uma história lida, contada ou dramatizada e também consegue recontar pequenas histórias para os adultos.

A presença de livros e de adultos que gostam de ler na vida das crianças podem ser propulsores de muitas experiências para elas, na medida em que pensamento e linguagem estão intrinsecamente relacionados.

Alguns autores apresentam especificidades nos conteúdos explorados nos livros e que podem ser trabalhados de acordo com a faixa etária. Vale considerar que há diferentes tipos de livros para crianças, mas é indispensável identificar quais são de literatura e quais são paradidáticos.

Os livros de literatura não têm explícito o compromisso em ensinar algo para a criança, são para apreciação e deleite, para encantar e acionar o imaginário delas. Já os paradidáticos têm a intenção de ensinar um conteúdo ou um comportamento às crianças.

O uso desses dois tipos de produções vai depender da intencionalidade do professor. Mas os livros de literatura são os que mais acessam a imaginação da criança e abrem possibilidades para ela se expressar em suas múltiplas linguagens. Um livro de literatura pode repertoriar a criança de 2 a 3 anos a:

Nessa perspectiva, a presença dos contos de fadas são imprescindíveis para a aprendizagem e o desenvolvimento das crianças, na medida em que:

> [...] são ímpares, não só como forma de literatura, mas como obras de arte integralmente compreensíveis para a criança como nenhuma outra forma de arte o é. Como sucede com toda grande obra de arte, o significado mais profundo do conto de fada será diferente para a mesma pessoa em vários momentos de sua vida. A criança extrairá significados diferentes do mesmo conto de fada, dependendo de seus interesses e necessidades do momento. (BETTELHEIM, 2008, p. 20).

É salutar considerarmos para as crianças de 2 a 3 anos todas as orientações expressas também nos livros 1 e 2 desta coleção, porque pode ser que a criança nunca tenha estado em uma instituição educativa e os livros não façam parte do seu contexto familiar. Portanto, cabe a você, professor, perceber quais os tipos de encaminhamento que terão sucesso com o grupo de crianças de sua responsabilidade.

ALGUMAS AÇÕES FAVORÁVEIS AO SUCESSO DO TRABALHO:

1. Tenha um espaço de literatura na sala;

2. Disponibilize uma variedade de livros nesse espaço, no mínimo, um por criança;

3. Opte pela qualidade dos livros disponibilizados;

4. Leia os livros para as crianças antes de colocá-los nesse espaço;

5. No início do ano, leve para esse espaço os livros que foram explorados pelas crianças nas turmas anteriores;

6. Leia os livros que as outras crianças já conhecem para as crianças que estão pela primeira vez em uma instituição educativa. Assim, os alunos que não são novos poderão ajudar a contar a história;

7. Leia e releia o mesmo livro. Quando as crianças gostam da história, apreciam a repetição;

8. Crie um espaço aconchegante para as crianças ouvirem e explorarem os livros;

9. Use objetos ou brinquedos para contar a história;

10. Contemple livros com muitas imagens;

11. Não transforme o momento da leitura de um livro em um momento para aprender uma lição;

12. Planeje os momentos de leitura, considerando espaços, tempos e materiais. Assim, leve o momento com os livros para outros espaços da instituição educativa, como em uma tenda armada na grama ou utilizando tapetes e almofadas no pátio coberto;

13. Seja um exemplo como leitor ou contador, criando uma conexão com a criança, uma vez que nessa faixa etária elas imitam tudo o que o adulto faz;

14. Envolva-se na leitura e na contação de histórias. O tom de voz e os movimentos corporais são essenciais para encantar as crianças.

Diante das ações favoráveis ao desenvolvimento da arte de contar e ler histórias, é importante identificar qual é a intenção do professor com o livro que está utilizando.

Os contos de fadas clássicos podem ser explorados para repertoriar o imaginário das crianças e fornecer elementos para as suas brincadeiras de faz de conta.

OUTRAS AÇÕES QUE PODEM SER REALIZADAS APÓS A LEITURA OU A CONTAÇÃO DAS HISTÓRIAS:

- Permita que as crianças leiam o livro para as outras crianças;

- Monte com as crianças, de acordo com os interesses, a casa de doces de João e Maria, o castelo da Rapunzel, o pé de feijão do João, o lago do patinho feio, o mar da pequena sereia, o castelo da Fera, as casas dos três porquinhos, dos três ursos, dos sete anões e da vovozinha da Chapeuzinho Vermelho (ou qualquer outro ambiente das histórias lidas ou contadas) e dramatize a história com elas. Os ambientes podem ser montados com elementos do contexto das crianças, como tecidos, almofadas, mesas, cadeiras, ou criados pela imaginação e o faz de conta. O importante é que cada criança seja quem ela quiser ser, não importando se mais de um aluno for o mesmo personagem;

- Após o trabalho com vários contos de fadas, promova o "dia da fantasia", no qual cada criança poderá escolher um personagem. O professor poderá decidir em conjunto com as crianças os detalhes desse dia;

- O trabalho com os livros sonoros permite que as crianças tenham autonomia para ouvir a história preferida no momento em que desejarem. Mas é indispensável que o professor oriente as crianças menores antes de disponibilizar o livro a elas, para o sucesso da atividade;

- Quando perceber que as crianças gostam muito de determinado personagem, faça bonecos para interagir com elas;

- É importante ler e disponibilizar às crianças várias versões do mesmo livro, para que possam escolher a versão com a qual mais se identificam.

A) LIVROS PARA LER E APRECIAR AS IMAGENS:

B) LIVROS PARA LER, APRECIAR AS IMAGENS E INTERAGIR COM OS POP-UPS:

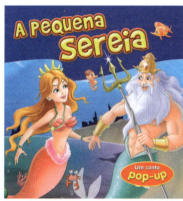

C) LIVROS PARA LER, APRECIAR AS IMAGENS, OUVIR O ÁUDIO E INTERAGIR:

D) LIVROS PARA LER, APRECIAR A HISTÓRIA E MONTAR OS QUEBRA-CABEÇAS:

A oferta de diferentes tipos de livros com versões da mesma história possibilita que as múltiplas linguagens das crianças sejam acionadas e cada criança seja atendida também em sua individualidade e preferências.

A leitura e a contação dos contos clássicos alimentam as brincadeiras de faz de conta. Nessa faixa etária, muitas crianças têm fascinação pelos personagens e facilidade em fazer de conta que é um personagem, principalmente se for um animal que muito a encantou.

Nessa direção, além dos clássicos, outras histórias podem encantar as crianças pequenas e possibilitar um trabalho significativo para o desenvolvimento e a aprendizagem delas.

As crianças apreciam muito os livros que apresentam os animais e suas falas. É comum que repitam as vozes dos animais, bem como as falas humanizadas. Portanto, é indispensável que o professor considere as ações que favorecem a aprendizagem e o desenvolvimento das crianças ao explorarem esses livros.

Há livros que, além de proporcionarem prazer, alegria e repertoriar as crianças, também possuem um brinquedo que facilita as interações e a brincadeira.

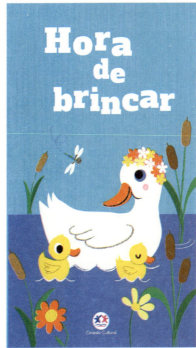

Livros com fantoches de pelúcia possibilitam que as crianças apreciem a história, brinquem e interajam com o personagem de pelúcia que vem no livro.

Caso o professor tenha o intuito de ensinar algo explicitamente para as crianças por meio de livros de histórias, então poderá fazer uso de livros paradidáticos.

Para aprofundar os conhecimentos da criança sobre os animais, os livros *Amigos do Quintal*, *Amigos do Oceano* e *Amigos da Selva* possibilitam que ela tenha acesso a várias informações de forma agradável e lúdica.

Um livro de contos de fadas pode despertar tanto o interesse de um grupo de crianças, que isso pode resultar em um projeto no qual os livros paradidáticos são bastante oportunos. Por exemplo, ao explorar o livro *A Pequena Sereia,* o interesse pelo mar pode ser tão grande que demande a realização de um trabalho com o livro *Amigos do Oceano.*

Da mesma forma, o professor pode optar por usar livros que tratam, de maneira lúdica, de conceitos comuns ao dia a dia da criança. Os conceitos de seco/molhado, curto/comprido, alto/baixo, manchas/listras, são tratados de forma lúdica no dobrar e desdobrar das páginas do livro *Opostos - Coleção Dobra e Desdobra.* Há também um livro chamado *Opostos - Dentro e fora*, no qual, os conceitos de grande/pequeno, quente/frio, devagar/rápido, em cima/embaixo, leve/pesado, sujo/limpo, adulto/criança são apresentados de forma lúdica e agradável às crianças com imagens em alto ou baixo-relevo.

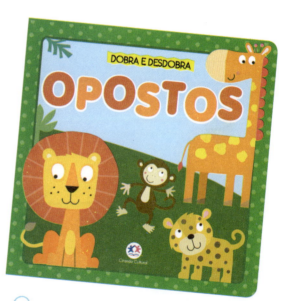
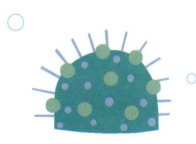

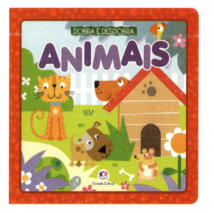
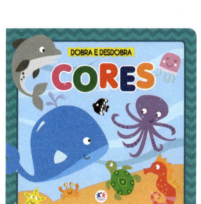

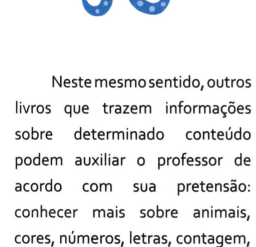

Neste mesmo sentido, outros livros que trazem informações sobre determinado conteúdo podem auxiliar o professor de acordo com sua pretensão: conhecer mais sobre animais, cores, números, letras, contagem, etc. de maneira lúdica e agradável.

Há a possibilidade de os livros propiciarem a aprendizagem de um determinado conteúdo e também trazerem elementos para as crianças sentirem e brincarem, como as histórias: *Hora de Brincar, Dinos, Hora de partir, Renas, Hora de dormir, Ursinhos, Hora de brincar, Sapinhos* e *10 Estrelinhas Brilhantes.* Ao mesmo tempo em que apresentam a contagem regressiva, possuem elementos em alto-relevo que despertam o desejo de tocar, sentir e interagir com os elementos.

Nessa mesma perspectiva, o livro *Animais divertidos* possui informações sobre os animais em seis pequenos livros, cujo verso de cada um é uma das peças de um quebra-cabeça. Portanto, é fundamental que a questão lúdica permeie as histórias, na medida em que uma das linguagens mais próximas das crianças é o brincar. Assim, é recomendável que o professor que atua com crianças de 2 a 3 anos esteja atento às necessidades do grupo e escolha o material que mais contribuirá para a aprendizagem e o desenvolvimento de seus alunos.

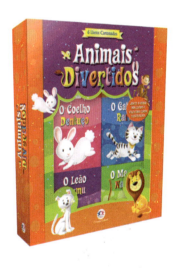

Diante das inúmeras possibilidades de trabalho com os diferentes tipos de livros de histórias, cabe ao professor, de acordo com o Projeto Político Pedagógico da instituição educativa na qual trabalha, optar pelas estratégias que mais condizem com as concepções da instituição, mas é indispensável conhecer todas as possibilidades para ter repertório ao fazer as suas escolhas. Entre inúmeras outras vantagens que a contação de histórias traz às crianças, Busatto (2003) aponta que o professor precisa contar história "para formar leitores; para fazer da diversidade cultural um fato; valorizar as etnias; manter a História viva; para se sentir vivo; para encantar e sensibilizar o ouvinte; para estimular o imaginário; articular o sensível; tocar o coração; alimentar o espírito; resgatar significados para a nossa existência e reativar o sagrado".

Vale considerar que independentemente das escolhas do professor, os contos de fadas clássicos podem ser apresentados e reapresentados utilizando os sinais e marcas como códigos que facilitam as experiências com as histórias, como também o uso de elementos pelo professor para ler, contar ou dramatizar para e com as crianças. Nessa dimensão, os personagens dos contos precisam ser trabalhados, tanto na forma animada quanto no jogo pessoal, considerando que as Diretrizes Curriculares Nacionais da Educação Infantil (DCNEI, Resolução CNE/CEB nº 5/2009), em seu Artigo 4º, definem a criança como: "sujeito histórico e de direitos, que, nas interações, relações e práticas cotidianas que vivencia, constrói sua identidade pessoal e coletiva, brinca, imagina, fantasia, deseja, aprende, observa, experimenta, narra, questiona e constrói sentidos sobre a natureza e a sociedade, produzindo cultura" (BRASIL, 2010).

Portanto, ao levar às crianças de 2 a 3 anos o acesso aos livros de histórias, bem como encaminhamentos adequados, o professor está proporcionando também que cada criança tenha acesso ao mundo da arte e da literatura, e na interação com ele, produza cultura.

Neste capítulo, foram indicadas algumas maneiras pelas quais os clássicos podem ser apresentados e reapresentados para crianças a partir de 2 anos de idade. Os personagens dos contos podem ser trabalhados tanto na forma animada, ou seja, por meio de bonecos e fantoches, quanto no jogo pessoal, quando a criança ou o professor se caracteriza como o personagem. A ideia é que se identifique a relação das crianças com os contos de fadas clássicos e outras histórias.

Vamos criar?

Que tal brincar com bonecos de vara? E que tal se a Chapeuzinho Vermelho puder ser um desses bonecos?

MATERIAIS:

- Palito de picolé;
- Canetas hidrocor;
- Lã;
- Retalhos de tecido;
- Cola quente;
- Fita de cetim;
- Botões.

MÃOS QUE CRIAM!

1. Passe a cola quente no palito de picolé, enrole nele o tecido e, com uma fita ou um pedaço de retalho, amarre em volta.

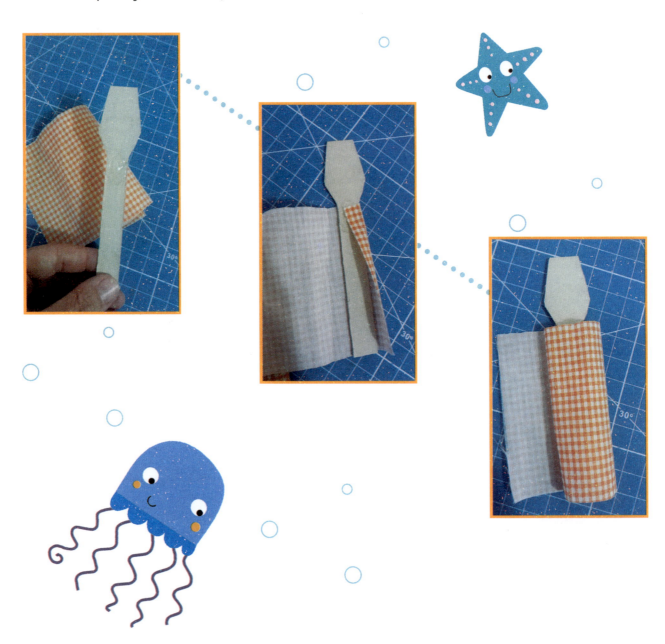

2. Finalize com um laço na parte de trás.

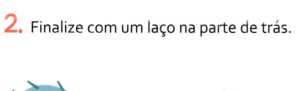

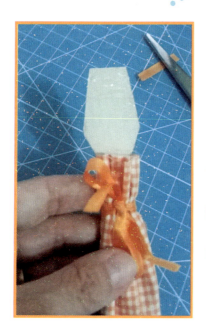
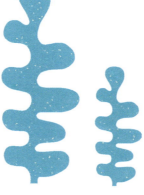

3. Passe a cola na ponta do palito, enrole lã em toda a volta e finalize com uma pontinha de cola.

4. Com as canetas hidrocor, faça o rostinho do personagem.

5. Com um pedaço de retalho, faremos a capa da Chapeuzinho Vermelho dobrando uma das pontinhas do tecido.

6. Junte as duas pontas da capa e cole uma florzinha para finalizar.

Os bonecos de vara são de fácil manipulação e, com esta técnica simples, é possível criar inúmeros personagens das histórias clássicas: Bela Adormecida, Rapunzel, Branca de Neve, Cinderela, entre outros. Outro ponto importante é não se prender apenas ao formato original; a Chapeuzinho não precisa ser somente vermelha, ela pode vestir uma capa de outra cor. É muito interessante mudar alguns códigos preexistentes nas histórias clássicas em conjunto com as crianças.

Crie o cenário de um dos contos clássicos e coloque os personagens representados por objetos variados ou massinha de modelar para que cada criança brinque com a história.

É viável salientar a importância dos sinais e das marcas que são códigos facilitadores das experiências literárias das crianças nas propostas para ler, contar e dramatizar para e com as crianças. O importante é que você eleja esse código, que pode ser uma música, o som de determinado instrumento ou até mesmo uma varinha mágica, como esta a seguir, que você pode criar!

MATERIAIS:

- Graveto;
- Retalhos de feltro;
- Cola quente;
- Tesoura.

MÃOS QUE CRIAM!

1. Passe cola quente na ponta do graveto para cobri-lo com os retalhos de feltro. Faça a combinação que preferir; pode ser colorido, com duas cores contrastantes ou de apenas uma cor.

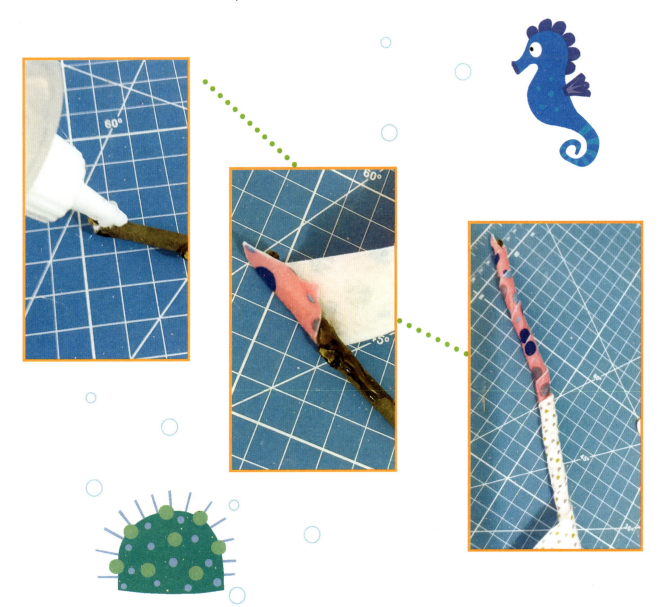

2. Corte duas estrelas e cole as duas partes para colocar na ponta da sua varinha.

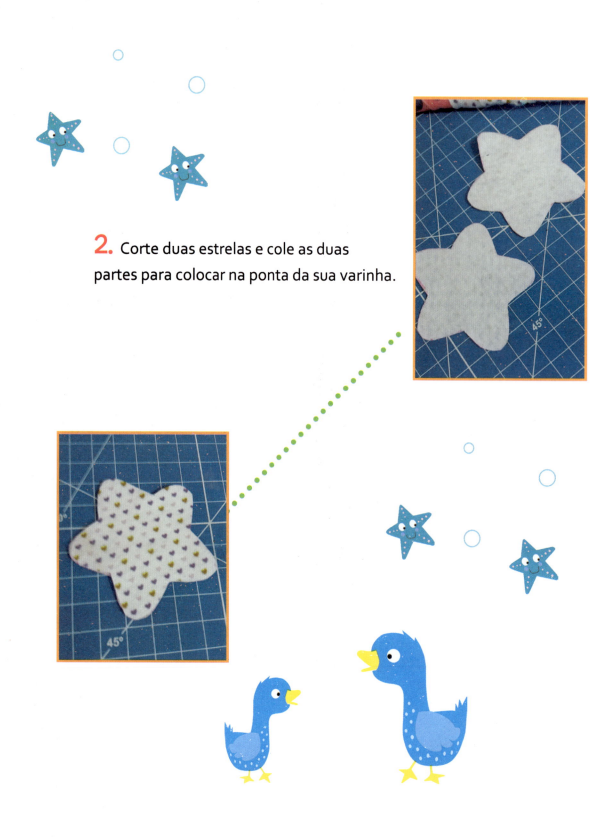

3. Cole a estrela na ponta e a enfeite como quiser.

Pronto, sua varinha mágica fará muito sucesso com as crianças! Ela poderá ser um sinal de que a história começará. Com o tempo, as crianças vão se acostumar com essa ação; então, quando você utilizar a varinha mágica, elas saberão que é a hora da história.

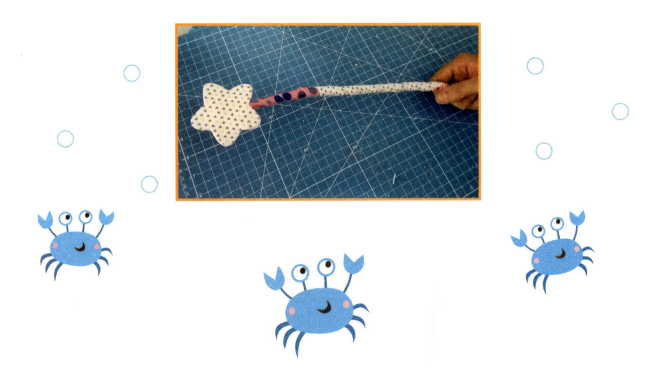

Capítulo 4

3 a 4 anos

Um convite à aventura:
brincar e interagir com as histórias

Obra: *O Casal Dançando*, 1663
Autor: Jan Steen
Fonte: National Gallery of Art, Washington DC

    A obra *O Casal Dançando*, de Jan Sten, é um convite à reflexão sobre a importância do contexto educativo para as crianças pequenas. Além do casal que está dançando, acontecem outras ações com os sujeitos da cena. Cada um desenvolve uma ação na cena paralelamente a outras ações. Elas não acontecem fora de um contexto no qual a criança está inserida. Da mesma forma, na instituição educativa, é importante as crianças perceberem que todos os integrantes de uma turma são sujeitos atuantes nas ações realizadas.

Nesse sentido, a literatura infantil é uma estratégia significativa para que as crianças escolham seus papéis sociais, principalmente ao explorar uma determinada história.

Crianças de 3 a 4 anos gostam de vivenciar as histórias lidas, contadas e dramatizadas pelo professor por meio do faz de conta.

Vale observar que as orientações para um trabalho significativo expressas no livro 3 não podem ser esquecidas. Vamos relembrar?

1. Tenha um espaço de literatura na sua sala;
2. Disponibilize uma variedade de livros, nesse espaço. No mínimo, um por criança;
3. Opte pela qualidade dos livros disponibilizados;
4. Leia os livros para as crianças antes de colocá-los nesse espaço;

5. No início do ano, leve para esse espaço os livros que foram explorados pelas crianças nas turmas anteriores;

6. Leia os livros que as outras crianças já conhecem para as crianças que estão pela primeira vez em uma instituição educativa. Assim, os alunos que não são novos poderão ajudar a contar a história;

7. Leia e releia mais de uma vez o mesmo livro. Quando as crianças gostam da história, apreciam a repetição;

8. Crie um espaço aconchegante para as crianças ouvirem e explorarem os livros;

9. Use objetos ou brinquedos para contar a história;

10. Contemple somente livros com imagens;

11. Não transforme o momento da leitura de um livro em um momento para aprender uma lição;

12. Planeje os momentos de leitura, considerando espaços, tempos e materiais. Assim, leve o momento com os livros para outros espaços da instituição educativa, como em uma tenda armada na grama ou com tapetes e almofadas no pátio coberto;

13. Seja um exemplo como leitor ou contador, criando uma conexão com a criança. As crianças nessa faixa etária imitam tudo o que o adulto faz;

14. Envolva-se na leitura e na contação de histórias. O tom de voz e os movimentos corporais são essenciais para encantar as crianças.

Essas estratégias são válidas para todas as faixas etárias, portanto, observe todas as estratégias no trabalho com todos os livros de histórias.

Nessa mesma perspectiva, todas as orientações dos livros 1, 2 e 3 são válidas também para crianças de 3 e 4 anos, considerando que cada criança tem seu ritmo de desenvolvimento. É preciso levar em consideração o histórico de cada uma das crianças, se é a primeira vez que frequentam uma instituição educativa, se vêm de uma família na qual os livros fazem ou não parte do seu dia a dia, entre outros aspectos.

Claro que esses apontamentos não são uma regra, na proporção em que muitas crianças têm no ambiente familiar um espaço permeado de livros, contações e faz de conta. Por isso, conhecer todas as crianças, bem como suas famílias, é um importante diferencial na escolha das estratégias que mais contribuirão para o trabalho com os livros de histórias.

De maneira geral, a partir dos 3 anos de idade, a maioria das crianças é capaz de participar do enredo de uma história, como também ajudar na criação desse enredo. Cabe ao professor possibilitar contextos nos quais as crianças sejam mobilizadas à participação, na perspectiva de que no espaço sobrenatural não existe tempo real. Tudo acontece ao mesmo tempo, de repente. Os personagens existem, mas são encantados, e tudo podem.

O livro *Branca de Neve e os setes anões* possui um enredo que encanta as crianças e possibilita que o professor crie aventuras incríveis com elas. Após a leitura de uma ou mais versões desse clássico, o professor pode propor um desafio iniciando-o com um diálogo: "Crianças, nosso livro *Branca de Neve e os sete anões* desapareceu e precisamos encontrá-lo. Onde será que ele está? Olhem! Há uma carta no lugar do livro! Vamos ler o que está escrito?".

Terra do Faz de Conta, _____.

Queridas crianças da turma _____,

Precisei pegar emprestado o livro Branca de Neve e os sete anões, pois quero lê-lo para as crianças que vivem no meu reino. Mas para devolvê-lo, vocês terão que vir buscar no meu castelo. Vocês podem vir, por favor? Para chegar no castelo é só seguir as instruções que estão com o professor de vocês. Se vocês conseguirem chegar no castelo, haverá uma grande surpresa! Espero que vocês encontrem o caminho!

Um grande abraço,
Branca de Neve

Antes da leitura da carta é indispensável que o professor organize as orientações para chegar ao castelo; elas dependerão do espaço e dos materiais disponíveis para o trabalho.

SUGESTÃO:

1. Crie um ambiente lúdico com elementos de um castelo para as crianças, afastando-as da sala que utilizam diariamente e, se possível, convide outro professor para se caracterizar de Branca de Neve;

2. Faça uma trilha partindo da sala de atividades até o ambiente do castelo, seguindo as orientações deixadas pela Branca de Neve para o professor;

3. Coloque os desafios nessa trilha, como se fosse um jogo de percurso;

4. Ao chegar ao castelo, organize para que a Branca de Neve recepcione as crianças em um ambiente de brincadeira e faz de conta, e que esse espaço se transforme em uma grande surpresa para as crianças. Não se esqueça de promover a devolução do livro emprestado à Branca de Neve.

ORIENTAÇÕES PARA CHEGAR AO CASTELO DA BRANCA DE NEVE

- Vão até a porta, cautelosamente;

- Iniciem pela casa na qual está a fruta que a bruxa ofereceu à Branca de Neve e ela comeu;

- Andem uma casa para cada um dos anões, lembrando o nome deles;

- Segure na mão de um coleguinha, faça o gesto do Soneca e caminhem juntos até a próxima casa;

- Andem três casas, fechem os olhos, contem até cinco e abram os olhos;

- Parabéns, vocês chegaram ao castelo!

Após a brincadeira no espaço do castelo, no dia seguinte, ou alguns dias depois, o professor pode relembrar com as crianças a aventura de visitar o castelo da Branca de Neve e escrever uma carta da turma para ela, na qual as crianças sejam as narradoras, e o professor, o escriba.

Durante as leituras dos livros de histórias, é indispensável que o professor fique atento aos interesses das crianças para poder delinear um projeto de trabalho que seja significativo. Por exemplo, a partir de um grande interesse por determinado assunto ou elemento de uma história, o professor pode criar uma série de estratégias que encantem as crianças.

Na abordagem da história *Chapeuzinho Vermelho*, o professor poderá criar situações de brincadeira para que a criança interaja com a história, utilizando elementos mágicos da imaginação.

A cesta da Chapeuzinho Vermelho pode ser um elemento para despertar a imaginação das crianças e possibilitar que adentrem em um mundo repleto de aventuras. Para tanto, o professor poderá:

• Levar uma cesta semelhante a utilizada pela personagem para o ambiente das crianças;

• Questionar de quem é a cesta e o que tem dentro dela;

• Abrir a cesta com as crianças, encontrar o livro com a história da Chapeuzinho Vermelho e um bilhete no qual está escrito:

Crianças,

Vocês querem saber de quem é esta cesta? Leiam o meu livro e saberão!

Chapeuzinho Vermelho

Assim como a cesta da Chapeuzinho Vermelho, outros elementos podem acessar a curiosidade das crianças por uma determinada história, como o tapete ou a lâmpada do Aladim, a trança da Rapunzel e o feijão do João.

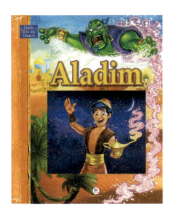  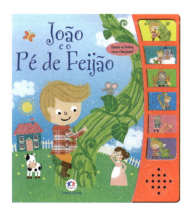

O contato das crianças com personagens lúdicos, como um duende, um lobo ou uma fada também pode potencializar a imaginação. Esses personagens podem ser bonecos de dedo, luva, vara, mesa, etc. ou um dos professores caracterizados.

A história da Cinderela poderá iniciar com a presença de uma fada que conta a história às crianças e, posteriormente, aparece na turma com um desafio em formato de jogo de percurso ou caça ao tesouro que a madrasta roubou do castelo da Cinderela. A fada poderá se utilizar de um pó mágico imaginário ou fabricado pelo professor para enriquecer o faz de conta. De acordo com a autora Irene Machado, as fadas são os seres que fadam, isto é, orientam ou modificam o destino das pessoas. Fada é um termo originado do latim *fatum*, que significa "destino".

Portanto, é importante que a personagem fada, inserida no contexto das crianças, possua elementos mágicos que enriqueçam o imaginário delas e potencializem o faz de conta. Assim, cabe ao professor estar preparado para a ação dramática com as crianças, incorporando diferentes personagens, isto que a contação de histórias é atividade própria de incentivo à imaginação e o trânsito entre o fictício e o real. Ao preparar uma história para ser contada, tomamos a experiência do narrador e de cada personagem como nossa e ampliamos nossa experiência vivencial por meio da narrativa do autor. Os fatos, as cenas e os contextos são do plano do imaginário, mas os sentimentos e as emoções transcendem a ficção e se materializam na vida real.

O modo como o professor aborda as histórias é determinante para a criança se sentir convidada à entrada na aventura. A reação das crianças aos diferentes enredos sinaliza ao professor projetos de trabalho significativos à turma. Por exemplo, o grande interesse pela história da Chapeuzinho Vermelho poderá levar o professor a:

• Ler várias versões da história;

• Traçar o caminho da Chapeuzinho Vermelho até a casa da vovó, com a opção de ir pela estrada ou pela floresta;

• Brincar de fazer de conta que é a Chapeuzinho Vermelho com os comandos:

Agora esse pozinho mágico vai nos transformar em Chapeuzinho Vermelho!

- Será que todos nós seremos Chapeuzinho Vermelho ou alguém quer ser Chapeuzinho Azul, Rosa, Verde, Preto, Cinza, Amarelo, Roxo, Alaranjado, Branco?

- Vamos confeccionar o nosso chapéu?

- Agora que estamos todos de chapéu, por qual caminho iremos?

- Não esqueçam que o lobo mau está na floresta!

- Olhem, encontramos outro pozinho mágico!

- Tem um bilhete que diz para jogarmos o pozinho mágico para o alto, que algumas pessoas irão se transformar em lobo.

- Alguém quer se transformar em lobo?

- Pronto! Joguei! Tem algum lobo aí? Vamos correr dos lobos?

- Parece que esses lobos são bonzinhos! Vamos convidá-los para o nosso piquenique!

- A vovozinha está nos esperando para um delicioso piquenique.

- Os lanchinhos da vovó são mágicos, e após o piquenique, não seremos mais lobos nem Chapeuzinhos.

Diante de um grande interesse pelo lobo mau, o professor poderá elaborar um projeto que trabalhe diferentes histórias nas quais apareça o personagem lobo. Além da história da Chapeuzinho Vermelho, o professor poderá abordar várias versões dos livros *Os três porquinhos* e *Pedro e o lobo*.

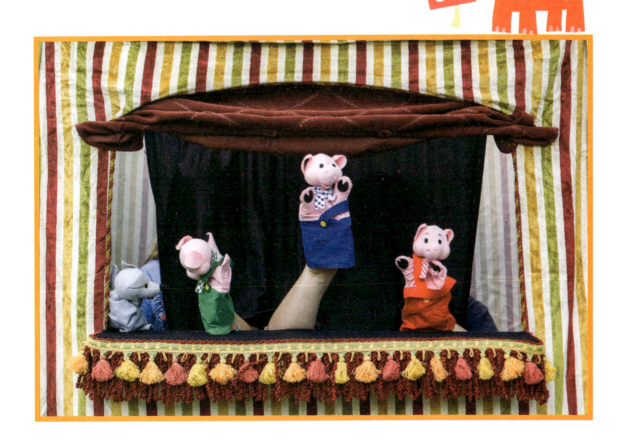

APÓS A ABORDAGEM DAS HISTÓRIAS, O PROFESSOR PODERÁ:

• Pesquisar com as crianças sobre o lobo;

• Disponibilizar livros com informações e ilustrações sobre os lobos e ler com as crianças (podem ser livros paradidáticos, conforme orientação do livro 3);

• Apresentar vídeos e desenhos animados sobre;

• Fazer um boneco desse personagem que converse com as crianças;

• Propiciar que as crianças desenhem um lobo;

• Possibilitar que as crianças elaborem uma história na qual elas falam e desenham e o professor escreve.

É importante que as histórias lidas, contadas ou dramatizadas às crianças sejam um convite à aventura, mas cabe também ao professor dar oportunidades para que as crianças se expressem, criem e recriem as histórias. Além dos contos clássicos, há livros com histórias contemporâneas que convidam as crianças a se aventurar. Esteja atento ao que as crianças mais gostam.

Pode-se fazer a brincadeira de as crianças se transformarem em heróis quando vestem seus pijamas, e levar o professor a fazer uma festa do pijama para abordar as histórias. O professor pode iniciar o projeto com a questão: em qual herói você irá se transformar quando vestir o seu pijama?

Os livros de literatura infantil muito contribuem para a aprendizagem e o desenvolvimento das crianças. Mas pode ser que o professor opte ou a instituição educativa acredite que o uso de livros paradidáticos se faça necessário. Nesse sentido, há livros que podem contribuir para que a criança compreenda sentimentos que fazem parte da nossa vida no cotidiano, como felicidade, nervosismo, decepção, irritação, tristeza, amor, medo, bondade, solidão e inveja.

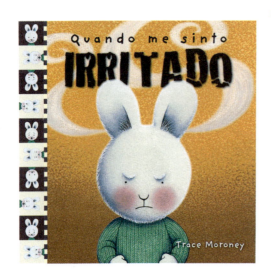
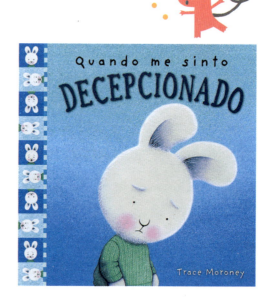

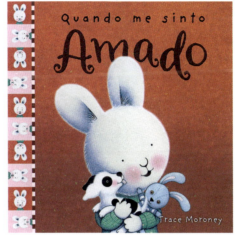

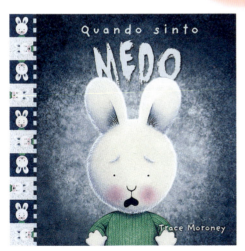
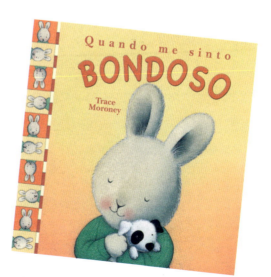

Quando a criança adentra nessas histórias e as vivencia com os personagens, pode compreender alguns sentimentos e conseguir expressar melhor aquilo que sente e que a deixa insegura no ambiente familiar ou institucional. É indispensável que o professor se prepare para contar essas histórias da mesma forma que faz com as outras, sem perder de vista o mundo encantado das crianças.

É salutar o professor compreender que as estratégias utilizadas por ele na abordagem dos livros será determinante para que aflore nas crianças o gosto pela leitura, a imaginação e a fantasia que as auxiliarão em processos de aprendizagem, desenvolvimento e, principalmente, para que sejam leitores críticos durante toda a sua vida.

Neste capítulo, apresentamos aos professores propostas que possibilitem às crianças brincar e interagir com as histórias. Nessa perspectiva, o professor mobilizará as crianças, utilizando-se de situações ficcionais que se construirão com a participação delas.

O convite à aventura se dará por meio de elementos mágicos da imaginação: pozinho mágico, cartas, personagens lúdicos, busca de tesouros perdidos, etc. possibilitando que crianças e professores sejam personagens e autores em busca de grandes aventuras.

Escreva uma carta da Branca de Neve, bem como as orientações para chegar ao castelo antes de realizar a proposta com as crianças.

Terra do Faz de Conta, _____.

Queridas crianças da turma _____,

Precisei pegar emprestado o livro Branca de Neve e os sete anões, pois quero lê-lo para as crianças que vivem no meu reino. Mas para devolvê-lo, vocês terão que vir buscar no meu castelo. Vocês podem vir, por favor? Para chegar no castelo é só seguir as instruções que estão com o professor de vocês.

Se vocês conseguirem chegar no castelo, haverá uma grande surpresa! Espero que vocês encontrem o caminho!

Um grande abraço,
Branca de Neve

Seguem sugestões para a criação de um tapete mágico e de uma trança.

O TAPETE MÁGICO

MATERIAIS:

- Um pedaço grande de TNT ou tecido da cor que as crianças gostam e onde caibam todas elas;
- Pedaços pequenos de TNT ou tecido de várias cores;
- Cola quente ou fio e agulha de costura.

MÃOS QUE CRIAM!

1. Estenda o TNT ou tecido no chão.

2. Deixe que cada criança escolha um pedaço pequeno de tecido TNT.

3. Cole com cola quente ou costure cada pedaço de tecido.

4. Finalize o tapete conforme a sua preferência e a das crianças.

5. Convide as crianças a subirem no tapete mágico e viajem para onde a imaginação quiser!

A TRANÇA DA RAPUNZEL

Importante: decida com as crianças de que cor será a trança.

MATERIAIS:

• 6 novelos de lã grossa de 40 g das cores escolhidas ou 3 novelos de 80 g;

• Fitas da cor escolhida com as crianças para amarrar as tranças.

MÃOS QUE CRIAM!

1. Dobre o fio da lã de cada novelo, escolhendo o comprimento que preferir. Sugerimos que seja de no mínimo 2 em 2 metros. Você poderá utilizar uma mesa para facilitar o trabalho.

2. Prenda um dos lados com um pedaço do fio de lã, amarre bem e enrole o fio até acabar. Faça o mesmo procedimento com todos os novelos de lã.

3. Corte um dos lados, de forma que você terá um lado da trança sobre a mesa e outro caído no chão.

4. Coloque os dois lados do cabelo da Rapunzel sobre a mesa, marque onde iniciará as tranças de ambos os lados, amarrando com um pedaço de fio da lã e comece a trançar. Trance ambos os lados até acabar as mechas de lã.

5. Amarre um laço na ponta de cada trança.

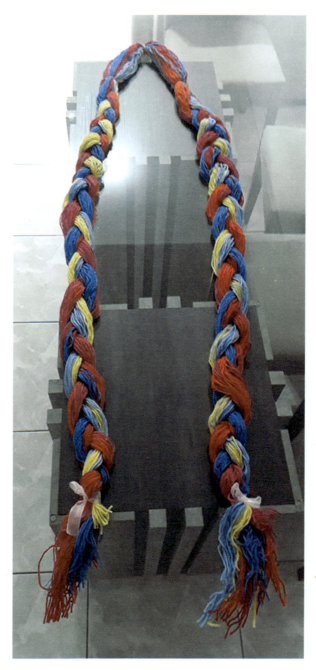

6. Transforme-se em Rapunzel, brinque com as crianças e convide-as para também serem a Rapunzel.

7. O acessório poderá ficar disponível para as crianças brincarem sempre que desejarem.

Enfim, a coleção *Caixa literária* é um convite para que você, professor que atua com turmas de Educação Infantil, se sinta autorizado a entrelaçar todos os saberes sobre a literatura infantil e as outras artes. Isso proporciona que a imaginação de todos os envolvidos no encantador processo de aprendizagem e desenvolvimento das crianças seja um elo que dê significado à prática pedagógica nas instituições de Educação Infantil.

REFERÊNCIAS

GALVÃO, C. de S. L. *Existe uma literatura para bebês?* Dissertação de Mestrado em Educação. UFMG, Belo Horizonte, 2016.

SOUZA, E. M. Brincando com crianças de 0 a 3 anos. In.: CARNEIRO, M. A. B.(org.). *Cócegas, cambalhotas e esconderijos:* construindo cultura e criando vínculos. São Paulo: Articulação Universidade Escola, p. 63-79, 2010.

BRITO, T. A. *Música na Educação Infantil.* São Paulo: Peirópolis, 2003

RIBEIRO, J. *Ouvidos Dourados: a arte de ouvir histórias (para contá-las).* São Paulo: Mundo Mirim, 2008.

DALÍ, Salvador. *A Persistência da Memória*, 1931. The Museum of Modern Art, New York.

ABRAMOVICH, Fanny. *Literatura infantil: gostosuras e bobices.* São Paulo: Scipione, 1993.

BETTELHEIM, B. *A psicanálise dos contos de fadas.* 16ª ed. Rio de Janeiro: Paz e Terra, 2002.

BRASIL. Ministério da Educação. Secretaria de Educação Básica. *Diretrizes curriculares nacionais para a educação infantil* | Secretaria de Educação Básica. – Brasília: MEC, SEB, 2010.

BUSATTO, Cléo. *Contar e encantar – pequenos segredos da narrativa.* Petrópolis: Vozes, p. 45, 46; 2003.

VAN GOGH, Vicent. *O semeador*, 1888. Fonte: Museu Kröller-Müller, Holanda.

ABRAMOVICH, Fanny. *Literatura infantil: gostosuras e bobices.* São Paulo: Scipione, 1993.

BETTELHEIM, B. *A psicanálise dos contos de fadas.* 16ª ed. Rio de Janeiro: Paz e Terra, 2002.

BRASIL. Ministério da Educação. Secretaria de Educação Básica. *Diretrizes curriculares nacionais para a educação infantil* / Secretaria de Educação Básica. – Brasília: MEC, SEB, 2010.

BUSATTO, Cléo. *Contar e encantar – pequenos segredos da narrativa.* Petrópolis: Vozes, p. 45, 46; 2003.

VAN GOGH, Vicent. *O semeador*, 1888. Fonte: Museu Kröller-Müller, Holanda.

MACHADO, Irene A. *Literatura e redação*. São Paulo: Scipione, 1994.

RODRIGUES, Edvânia Braz Teixeira. *Cultura, arte e contação de histórias.* Goiânia, 2005.

STEEN, Jan. *O Casal Dançando,* 1663. Fonte: National Gallery of Art.

LEITE, E. C.de P. *Professor em ação dramática na Educação Infantil: Uma estratégia de comunicação entre professores e crianças pequenas.* Jundiaí: Paco Editorial, 2015.